AF494301

DISCOURS

PRONONCÉ A L'OCCASION DU MARIAGE

DE

M. LE COMMANDANT ALFRED FÉRY

AVEC

Mlle LUCIE DEVILLENEUVE

Le 22 septembre 1887

EN L'ÉGLISE DE SAINT-VINCENT DE PAUL

PAR

LE R. P. VALLÉE

DES FRÈRES PRÊCHEURS

DISCOURS

PRONONCÉ A L'OCCASION DU MARIAGE

DE

M. LE COMMANDANT ALFRED FERY

AVEC

Mlle LUCIE DEVILLENEUVE

Le 22 septembre 1887

EN L'ÉGLISE DE SAINT-VINCENT DE PAUL

PAR

LE R. P. VALLÉE

DES FRÈRES PRÊCHEURS

Monsieur, Mademoiselle,

C'est une heure grave que celle où notre vie va prendre ses assises définitives. Quelques-uns savent dès la première heure tout ce que Dieu attend d'eux. Il les prend et les pétrit dans sa lumière et sa miséricorde, assez pour que redire à tous l'infini de son amour soit leur joie suprême et comblante. Mais c'est là une vocation à part. La vocation normale de l'être humain est d'aller au foyer chercher sa perfection définitive. Aucune passion de la terre ne peut nous suffire par elle seule. Même l'amour de la Patrie, la passion pour le drapeau et pour l'armée, qui l'incarnent si fièrement, laissent dans l'ombre, au plus profond de nous-mêmes, des puissances qui dorment, qui attendent la vie. Au milieu de ces foules, prises comme nous de la sainte ivresse du devoir et du sacrifice jusqu'au sang, il y a tout un coin de l'âme où règne un silence qui devient peu à peu douloureux. L'hymne mystérieux que tout en nous doit chanter à Dieu ne peut jaillir du cœur. Vous vous sentez seul. Des mélancolies étranges vous saisissent. Évidemment, la vie ne vous a pas dit encore tout son secret. Au dedans de vous retentit, sans que vous en sachiez peut-être déjà la formule, le mot du Père qui est aux Cieux, s'attendrissant sur le premier homme au milieu des extases dont il avait rempli sa première heure, et murmurant : « Il n'est pas « bon que l'homme soit seul. Créons-lui une « aide semblable à lui. »

Qu'un jour, par la Providence de Dieu, cet être, créé pour vous, vienne à passer à votre horizon, que votre cœur batte d'une émotion jusque-là inconnue, où tout semble fait de tendresse et de respects infinis, la lumière s'est faite; la grande loi de votre nature a été comprise; la vie tressaille en vous, riche, joyeuse; elle déborde et met sur tout ce qui jusque-là occupait votre âme comme une plénitude qui vous ravit.

Vous êtes tous deux à cette heure bénie. Vous arrivez à ce point du temps qui décide du bonheur en ce monde, et souvent de l'éternité. Mais vous y venez, sûrs de vous, bravement, simplement, comme deux chrétiens qui se reçoivent mutuellement des mains de Dieu, et vous avez à plein cœur et sur les lèvres, en face de tous ceux que vous aimez, les mots de l'éternité que la bonté de Dieu a faits nôtres : « Oui, jusqu'à la fin, jusqu'à la « mort, je serai à vous comme vous serez à « moi. »

Comment, diront certains, vous nous parlez d'éternité, en face de cette nature extérieure où tout est changement incessant, et à cette heure où l'homme, sous les clartés de la science, a pénétré enfin le secret de toutes choses! Vous venez trop tard. Nous avons délivré l'homme de l'oppression formidable que, pendant des siècles, tout ce qui venait des profondeurs du temple a exercée sur lui. La loi de l'homme est celle de la nature entière. Il va, il vient, au hasard des influences subies, des milieux traversés. Laissez-le à sa liberté, qui vaut mieux que l'idéal crucifiant que vous lui prêchez, qui vaut mieux que tout.

Non, Messieurs, nous ne nous tairons pas, nous ne vous livrerons pas à ces théories humiliantes, qui dégradent et appauvrissent le patrimoine moral de notre race. On aura beau sanctionner de toute la majesté de la loi ces trahisons, ces diminutions de la vérité; nous déclarerons ces lois bâtardes et mal venues. Nous dirons que ce n'est au profit ni du caprice ni de la passion que la loi doit être faite, mais dans le plein respect des natures qu'elle entend gouverner. Et ce respect veut, demandez-le à nos amis en ce moment, que l'homme et la femme se donnent l'un à l'autre pour ne plus jamais se reprendre. Tout ce qui va contre ce respect n'est que sacrilége et profanation. « Les dons « de Dieu sont sans repentance », nous dit Bossuet; et la Bible répond : « L'homme est « un semblable de Dieu. » — Donc lui aussi est né pour connaître cette gloire d'un don plein, absolu, sans reprise, jusqu'à l'éternité.

Mais la fragilité humaine va se dresser contre vous et vos généreuses illusions! Qui n'en a fait la douloureuse expérience? Qui ne sait qu'un jour vient, tôt ou tard, où nos plus beaux rêves se brisent comme jouets d'enfant? Regardez autour de vous. Qui croit à l'amour éternel? Pourquoi se refuser à voir ce qui est? Pourquoi n'en pas finir une bonne fois avec ces impossibilités surhumaines dont on nous accable?

Messieurs, si je prends l'homme que la

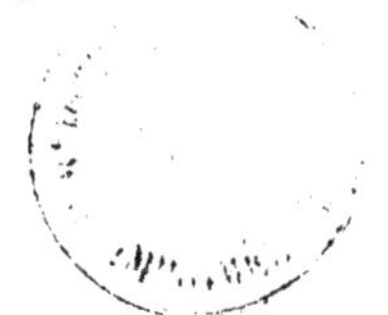

philosophie et la science actuelles nous forment, oui, je le trouve impuissant, non-seulement à porter, mais à concevoir ces grandes choses que je vous dis. Si je prends l'homme tel que nous le présente la littérature contemporaine, j'entends celle qui ne consent pas encore à quitter certains sommets, devant ces récits prétendus documentaires, ces études d'une psychologie subtile, affinée, qui, pendant trois cents pages, préparent par des trahisons insensibles, mais continues, les capitulations fatales de la dernière heure, c'est vous qui aurez raison.

Si je prends le mondain, tel que souvent vous le tolérez et parfois l'applaudissez, oui encore, c'est moi qui ai tort. Évidemment les dieux s'en vont, le feu sacré est éteint, et les ténèbres sont proches.

Soit : mais cette race amoindrie, troublée, diminuée par vous, n'en garde pas moins sa langue divine, et quand vous la mettrez en face de certains actes, spontanément, et de toute l'indignation de son âme, elle criera : Trahison! Ce cri de la conscience, trouvez-vous qu'il n'a pas, lui aussi, sa valeur documentaire? qu'il ne répond à aucune réalité?

Puis, au milieu de vous, sous le drapeau de l'idéal divin, pressé avec plus de foi, plus d'élan, plus de sincérité que jamais, il y a cette race que saint Paul appelait « les fils de Dieu » ; il y a ceux pour lesquels le vouloir de Dieu est tout; il y a ceux qui n'entendent recevoir leur loi que de lui : il y a les chrétiens.

Et cette race, elle est bien de votre chair et de votre sang; elle est pétrie de la même misère que vous; et pourtant, la voilà joyeuse, vaillante, en pleine gloire morale, sur ce champ de bataille que vous abandonnez. Croyez-vous, Messieurs, qu'elle n'aura pas raison de vous? Est-ce que le soleil n'a pas raison des ténèbres? Croyez-vous que la race humaine, en face de ce pain des forts et des sincères que nous lui offrons, ne viendra pas réclamer sa place au foyer divin? Ah! pour ma part, je suis bien tranquille; mon optimisme est de ceux que rien n'a jamais pu ébranler. Dans cette lutte où le meilleur de nous est en jeu, c'est Dieu qui aura comme toujours le dernier mot; ce sont ses témoins, ceux qui portent de la vie, ou qui en ont faim, qui triompheront de ceux qui veulent la mort.

Qui donc a créé ces vaillants au sein de l'humanité? Qui maintient en face de trahisons sans nombre, subies ou voulues, cette race fidèle au devoir et prête à tous les sacrifices pour garder intactes toutes ses gloires? Car cette race vit. Elle est la grande réserve où s'appuie, où se prépare l'avenir des peuples qui veulent avoir un lendemain. Si les foyers chrétiens disparaissaient tout à coup, Messieurs, du milieu de vous, vous seriez épouvantés du peu d'énergies réelles, du peu de vertu qui vous resterait entre les mains. Que de foyers où la vertu chrétienne, infiltrée lentement depuis des siècles, tout inconscients que vous en soyez devenus, fait toute la solidité de ce que vous y admirez! Enlevez cette action mystérieuse, étouffez-en le rayonnement sous toutes ses formes, et vous verrez quelle décrépitude vous menace et ce qu'un peuple devient quand il n'y a plus au gouvernail que les caprices fous de l'orgueil, l'impudeur des sens, ou les âpretés d'un égoïsme que rien n'assouvit.

Eh bien, ces foyers chrétiens, pleins de séve et d'honneur, qui les fait? Messieurs, c'est Dieu; c'est la vertu du Christ Jésus, du Dieu incarné, du Dieu venu à l'homme pour le sauver de toute misère, du Dieu qui nous a aimés jusqu'à en mourir, et dont chacun de nous trouve, de son entrée à sa sortie de ce monde, l'amour en action au plus profond de lui-même pour tout redresser, tout ressusciter, tout glorifier, tout sauver. Le Christ a vu ce qui menaçait ces deux volontés humaines, si loyalement données, si avides d'éternité, et il a dit : « Je vous armerai de « ma vertu ; j'interviendrai dans cette union ; « je la ferai deux fois sainte. Cet acte, l'un « des plus graves que chacun de vous puisse « poser, je le ferai plus auguste encore. Ce « mot, qui vous donne l'un à l'autre, j'en « ferai le signe de mes grandes miséricordes « sur vous ; j'en ferai le *sacrement* d'une « vertu qui vous suivra jusqu'à la tombe « pour vous garder dignes l'un de l'autre et « dignes de moi. »

Et cela est, Messieurs. Oui, il y a des foyers où les cœurs demeurent fidèles et plus donnés chaque jour. Ah ! le foyer chrétien, comment en dire les gloires ? Comment dire ces intimités profondes, cette vie de « deux êtres en un », toujours en don magnifique l'un à l'autre, en pureté, en douceur, en bonté pénétrante, en respect croissant ? Le mari est là, conscient de son œuvre, illuminant toutes les volontés autour de lui. Femme, enfants, serviteurs, tous reçoivent de lui, chaque jour plus, la pleine et profonde orientation de leur âme. Le voyez-vous recueilli, attentif à ses propres égoïsmes pour les discipliner, aux mille causes de défaillance que vous savez pour en triompher, à Dieu pour appeler sa lumière et sa vertu en lui, afin de suffire à sa tâche et ne pas tromper l'attente de ceux qu'il aime et doit grandir!

La femme, à son tour, apparaît douce, bonne, empressée, oublieuse d'elle-même, voulant à tout prix que le mari se sente heureux dans l'atmosphère créée par elle, l'écoutant dans le respect, toujours prompte à l'obéissance, parce que obéir c'est communier à l'âme de son mari, et que sa gloire est là.

Les enfants, à l'ombre de telles vertus, s'éveillent eux-mêmes au respect, à la discipline, à l'obéissance, au dévouement, et reçoivent dès la première heure je ne sais quelle empreinte profonde, ineffaçable, de l'âme paternelle et maternelle. A quarante ans, on tressaille encore à tel ressouvenir subitement réveillé dans l'âme. C'est la figure du père, de la mère, remise en pleine lumière. Ce jour-là, notre âme d'enfant, tout étonnée de la clarté projetée par tel acte ou telle parole de nos parents bien-aimés, fit un pas décisif, pressentit, comprit ce que devait être la vie, ce qu'elle avait de vraiment beau à nous offrir. Elle était grande et digne, puisqu'on pouvait s'y dévouer jusqu'au sacrifice absolu aux plus grandes choses qui soient, à la vérité, au foyer, à la patrie, à Dieu !

Le foyer chrétien, comme tout y est saint, et grand, et beau ! C'est dans la lumière qu'on s'y meut. Il y a comme un reflet de la majesté du Père qui est aux cieux au front du père et de la mère, et quelque chose de la paix et de la sérénité infinie en l'âme des enfants. Le feu sacré ne s'y éteint jamais.

Ces grandes choses, mes amis, vous les comprenez. Cette « vertu » de Dieu qui permet de les réaliser, vous y croyez de toute votre âme. Ah! elle sera sur vous d'autant plus abondante, que, malgré toute votre foi dans le bonheur qui vous attend, c'est dans le devoir et le sacrifice surtout que vous avez voulu vous rencontrer. Vous avez laissé à la patrie la première place, après Dieu, dans vos affections. Un soldat, c'est le fiancé de la mort, dit-on; c'est surtout le *fiancé de l'honneur*. Demain, la patrie peut venir et lui dire : « Debout, l'heure est venue. »

Eh bien, vous avez voulu tous deux que, jusqu'au dernier moment, la patrie gardât ce droit sacré. Et ce n'est pas l'une des moindres attentions de la Providence, Monsieur, que d'avoir mis sur votre route ce cœur aussi vaillant que le vôtre, ouvert aux mêmes héroïsmes, et dont la puissance de sacrifice vous a pénétré d'une si vive émotion.

Mes amis, au foyer chrétien de vos deux mères, on s'est beaucoup aimé. Tous deux, n'est-ce pas ? avec le même culte, vous garderez cette belle tradition de famille. Que les bénédictions de Dieu soient sur vous ici-bas et jusqu'à l'éternité.

Amen!

PARIS. TYP. L. PLON, NOURRIT ET Cie, RUE GARANCIÈRE, 8.

PARIS

TYPOGRAPHIE DE E. PLON, NOURRIT ET Cie

Rue Garancière, 8.

www.ingramcontent.com/pod-product-compliance
Ingram Content Group UK Ltd.
Pitfield, Milton Keynes, MK11 3LW, UK
UKHW020542180726
13839UKWH00006B/2676